Schweitzers Textausgaben
mit Anmerkungen

O. Kahn und L. Blum

Steuernachsicht

(Generalpardon)

1920

München, Berlin und Leipzig

J. Schweitzer Verlag (Arthur Sellier).

Das Gesetz

über

Steuernachsicht
(Generalpardon)

vom 3. Januar 1920.

Erläutert von

Dr. Otto Kahn und Dr. Leo Blum,

Rechtsanwalt in München. Syndikus in Berlin.

1920.

J. Schweitzer Verlag (Arthur Sellier).

München, Berlin und Leipzig.

Inhaltsübersicht.

Einleitung.

Die moderne Steuergesetzgebung kennt zwei Absolutionsarten für Steuersünder: die tätige Reue und den Generalpardon.

Fast alle Reichs- und Landessteuergesetze eröffnen die Möglichkeit der „tätigen Reue", d. h. sie enthalten eine Bestimmung, wonach derjenige von Strafe frei bleibt, der, wie es z. B. in § 79 des Besitzsteuergesetzes heißt, „seine unrichtigen oder unvollständigen Angaben, bevor eine Anzeige erstattet oder eine Untersuchung gegen ihn eingeleitet ist, bei der Steuerbehörde berichtigt oder ergänzt und die geforderte Steuer, soweit sie bereits fällig gewesen ist, entrichtet." Auch die Reichsabgabenordnung sieht in § 374 die „tätige Reue" vor. Die tätige Reue befreit nur von Strafe; die hinterzogene Steuer ist gleichzeitig mit der Angabe der berichtigten oder ergänzten Steuererklärung nachzuzahlen.

Der Generalpardon geht weiter als die tätige Reue. Er befreit nicht nur von Strafe, sondern er enthebt auch ganz oder teilweise von der Verpflichtung zur Nachzahlung der hinterzogenen Steuer. Ferner erstreckt sich der Generalpardon ganz allgemein auf die bisherigen Steuererklärungen, während die tätige Reue nur diejenige Steuer betrifft, bezüglich der die Steuererklärung berichtigt oder ergänzt wird.

Auch Generalpardons hat es im deutschen Steuerrecht, und zwar sowohl Landes- wie Reichssteuerrecht wiederholt gegeben. So sprach z. B. Art. 2 des Einführungsgesetzes vom 14. August 1910 zu den bayerischen Gesetzen über die direkten Steuern einen Generalpardon aus. Den letzten Generalpardon sah § 68 des Wehrbeitragsgesetzes vom 3. Juli 1913 vor; dieser bestimmte:

„Gibt ein Beitragspflichtiger bei der Veranlagung zum Wehrbeitrag oder in der Zwischenzeit seit dem Inkrafttreten dieses Gesetzes bei der Veranlagung zu einer direkten Staats- oder Gemeindesteuer Vermögen oder Einkommen an, daß bisher der Besteuerung durch einen Bundesstaat oder eine Gemeinde entzogen worden ist, so bleibt er von der landesgesetzlichen Strafe und der Verpflichtung zur Nachzahlung der Steuer für frühere Jahre frei."

Eine gewisse Bedeutung in steuerlicher Hinsicht können auch Amnestien haben, die aus politischen oder ethischen Gründen erlassen werden; sie befreien natürlich wie die tätige Reue nur von Strafe, nicht auch von der Verpflichtung zur Nachzahlung der hinterzogenen Steuer. In Betracht kommen:

1. Die Zivilamnestie vom 3. Dezember 1919 (RGBl. S. 1393), die sich auf alle strafbaren Handlungen erstreckt, die nur mit Geldstrafe oder Freiheitsstrafe bis 1 Jahr geahndet werden, vorausgesetzt, daß die Handlung nicht aus Gewinnsucht begangen wurde. Da das Letztere bei den meisten Steuerhinterziehungen anzunehmen ist, so greift die Amnestie im allgemeinen für Steuerdelikte, die vor ihrem Erlaß begangen wurden, nicht Platz.
2. Die Militäramnestie vom 7. Dezember 1919 (RGBl. S. 1415), die sich auf alle von Kriegsteilnehmern — gleichgültig ob mobilen oder immobilen Formationen angehörend — begangenen Vergehen und Uebertretungen erstreckt, und zwar auch dann, wenn sie aus Gewinnsucht begangen wurden. Damit sind alle Steuersünden der Kriegsteilnehmer, die vor Erlaß dieser Amnestie begangen wurden, straffrei.

Die Forderung nach einem neuen Generalpardon anläßlich der „großen Reichsfinanzreform" mit ihren bisher ungekannten Steuersätzen ist in der Öffentlichkeit schon frühzeitig von sachverständigen Kreisen erhoben worden. Die Erkenntnis seiner Notwendigkeit, angesichts der mit dem allgemeinen ethischen Niedergang des Volkes tief gesunkenen Steuermoral, schien auch bei der Reichsregierung zu bestehen. Ein rascher Erlaß war im fiskalischen Interesse dringend geboten. Statt dessen schlug die Regierung eine Zickzack-Politik ein, die auch den besserungswilligen Steuersünder vor den Kopf stieß und ihn geradezu infolge der Ungewißheit über seine Absolution dazu drängte, die früheren Steuermogeleien durch neue, noch gerissenere erst recht zu verdecken, und so den Wert des schließlich doch erlassenen Generalpardons erheblich abschwächte.

Der wenige Wochen nach der Revolution, am 14. Januar 1919, veröffentlichte vorläufige Entwurf eines Gesetzes über eine Kriegsabgabe vom Vermögenszuwachs brachte in seinem § 33 einen Generalpardon. Danach sollte ein Abgabepflichtiger nicht bloß von der reichs- und landesgesetzlichen Strafe, sondern auch von der Verpflichtung der Nachzahlung der Reichs-, Staats-, oder Gemeindesteuer befreit sein, wenn er, bevor gegen ihn eine Anzeige erstattet oder eine Untersuchung eingeleitet ist, bei der Veranlagung zur Kriegsabgabe oder in der Zwischenzeit bei der Veranlagung zu einer direkten Staats- oder Gemeindesteuer Vermögen oder Einkommen angibt, die bisher der Besteuerung durch das Reich, einen Bundesstaat oder eine Gemeinde entzogen worden waren.

Diese Formulierung wurde in der Oeffentlichkeit vielfach als zu eng bezeichnet. Man verwies mit Recht darauf, daß der Generalpardon nur dann für die Abgabepflichtigen einen wirklichen Wert habe, wenn er sich bei der Kriegsabgabe vom Vermögenszuwachs nicht nur auf das Endvermögen (am 30. Juni 1919), sondern auch auf das Anfangsvermögen (Wehrbeitragsvermögen vom 31. Dezember 1913) erstrecke. Gebe der Steuerdefraudant jetzt bisher verschwiegenes Vermögen an, das er nicht erst im Kriege erworben, sondern schon früher besessen habe, so werde es als Vermögenszuwachs während des Krieges angesehen und mit den hohen Sätzen der Zwangsabgabe belastet. Der Abgabepflichtige komme also aus dem Regen in die Traufe; seine nunmehrige Ehrlichkeit bewahre ihn nicht davor, daß ihm der größte Teil vom Fiskus weggenommen werde. Es müsse dem Abgabenpflichtigen die Möglichkeit eingeräumt werden, den Nachweis zu liefern, daß er das jetzt fatierte Vermögen bereits Ende 1913 besessen habe, also seine seinerzeitige Wehrbeitragsfatierung nachträglich zu korrigieren.

In dem endgültigen Entwurf eines Gesetzes über eine Kriegsabgabe vom Vermögenszuwachs war gemäß dem Beschluß des Staatenausschusses der Paragraph über den Generalpardon gestrichen. In dem vorläufigen Entwurf eines Gesetzes über das Reichsnotopfer (§ 50) wurde der Gedanke des Generalpardons neuerdings aufgegriffen. Anstatt der von der öffentlichen Meinung geforderten Erweiterung hatte er aber gegenüber der Formulierung in dem vorläufigen Entwurf des Gesetzes über die Kriegsabgabe vom Vermögenszuwachs eine Einschränkung erfahren. Nach der neuen Fassung sollte bei freiwilligem Sündenbekenntnis zwar unbeschränkte Straffreiheit eintreten, aber Befreiung von der Verpflichtung zur Nachzahlung der hinterzogenen Reichs-, Staats- und Gemeindesteuer nur insoweit, als der für die persönliche und sachliche Steuerpflicht maßgebende Zeitpunkt und der Zeitraum, für den die Steuer zu veranlagen war, vor dem 1. April 1917 liegt. Nach diesem Zeitpunkt hinterzogene Reichs-, Staats- und Gemeindesteuern sollten nachgezahlt werden müssen. Um die Zickzackpolitik auf den Höhepunkt zu führen, wurde dieser schon sehr beschnittene Generalpardon schließlich in dem endgültigen Entwurf des Gesetzes über das Reichsnotopfer auf Veranlassung des Staatenausschusses abermals gestrichen.

Als die in ungeheurem Umfange einsetzende Kapitalflucht — freilich nicht bloß aus Furcht vor der Aufdeckung von Steuerhinterziehungen — unwiderleglich bewies, wie sehr die wiederholte Streichung des Generalpardons die Psychologie der Abgabenpflichtigen verkannte und welcher Schaden daraus nicht bloß der Wirtschaft sondern auch dem Fiskus erwuchs, wurde in der Nationalversammlung ein Initiativ-Antrag auf Erlaß eines Generalpardons gestellt, der unter Tolerierung der Regierung schließlich durchdrang. Der Abg. Trimborn und Gen. brachte einen Gesetzesentwurf über Steuernachsicht (Drucks. der Nationalversammlung 1919 Nr. 1618) ein, der Freiheit von Strafe und Nachzahlung der hinterzogenen Steuern vorsah und außerdem für die Kriegsabgabe vom Vermögenszuwachs die Berichtigung des Anfangsvermögens, d. h. der seinerzeitigen Wehrbeitragserklärung zuließ. Der Entwurf wurde dem 10. Ausschuß der Nationalversammlung zur Beratung überwiesen. Dieser nahm verschiedene Änderungen an dem Entwurf vor, insbesondere schränkte er den Generalpardon insofern ein, als die Befreiung von der Nachzahlung der hinterzogenen Steuer nur für die Zeit vor dem 1. April 1915 gelten sollte. Weiterhin verschärfte der Ausschuß den Entwurf dadurch, daß er das bei der Steuererklärung zur Kriegsabgabe vom Vermögenszuwachs oder zum Reichsnotopfer, trotz Generalpardon, noch vorsätzlich verschwiegene Vermögen schlechthin für das Reich als verfallen erklärte, während der Entwurf dies nur für das Auslandsvermögen vorsah. In der Plenarsitzung der Nationalversammlung vom 17. Dezember 1919 wurde der Entwurf auf den mündlichen Bericht des zum Berichterstatter ernannten Abgeordneten Burlage in 2. und 3. Lesung, gegen die Stimmen der beiden sozialdemokratischen Parteien, angenommen (Drucks. der Nationalversammlung 1919, S. 4136 ff.). Am 3. Januar 1920 wurde das Gesetz vollzogen, am 15. Januar 1920 im Reichsgesetzblatt (S. 45/46) veröffentlicht.

Gesetz über Steuernachsicht.

Vom 3. Januar 1920 (RGBl. S. 45/46).

Die verfassunggebende Deutsche Nationalversammlung hat das folgende Gesetz beschlossen, das nach Zustimmung des Reichsrats hiermit verkündet wird:

§ 1.

Falls Vermögen oder Einkommen nicht angegeben worden ist, das zu einer öffentlichen Abgabe hätte veranlagt werden müssen, bleibt der Steuerpflichtige und sein Erbe von der Strafe und von der Verpflichtung zur Nachzahlung der Abgabe für die Zeit vor dem 1. April 1915 frei, wenn er sein Vermögen und sein Einkommen, spätestens bis zum Ablauf einer Frist, die der Reichsminister der Finanzen oder die von ihm bestimmte Stelle in öffentlicher Aufforderung gesetzt hat, richtig angibt. Die öffentliche Aufforderung kann für das Vermögen und das Einkommen getrennt erlassen werden.

Die Befreiung tritt nicht ein für Vermögen oder Einkommen, bezüglich dessen die Steuerbehörde bereits ein Verfahren gegen den Steuerpflichtigen oder seinen Erben eröffnet hat.

I.

§ 1 enthält die allgemeine Steuernachsicht. Den Einfluß der Steuernachsicht auf die Vermögenszuwachssteuer regelt § 2.

Gegenüber dem Entwurf, dessen § 1 lautete:

„Wer vor dem Inkrafttreten der Reichsabgabenordnung Vermögen oder Einkommen nicht angegeben hat, das zu einer Reichs-, Landes- oder Gemeindesteuer hätte veranlagt werden müssen, soll von der Strafe und der Verpflichtung zur Nachzahlung der Steuer frei bleiben, wenn er aus eigenem Antriebe, spätestens bei der ersten Steuerveranlagung nach dem Inkrafttreten der Reichsabgabenordnung sein Vermögen oder sein Einkommen pflichtgemäß richtig angibt.

Die Befreiung wird nicht gewährt, soweit das früher nicht angegebene Vermögen oder Einkommen der Steuerbehörde vor der richtigen Angabe amtlich bekannt geworden ist.

Dabei soll für die Kriegsabgabe vom Vermögenszuwachs das der Veranlagung zugrunde zu legende Anfangsvermögen berichtigt werden können, wenn der Steuerpflichtige einwandfrei nachweist, daß Vermögen, welches er bereits vor dem 31. Dezember 1913 gehabt hat, bei der Veranlagung zum Wehrbeitrag nicht berücksichtigt worden ist. Von dem nicht berücksichtigten Vermögen wird an Stelle der Kriegsabgabe der zehnfache Betrag des zu wenig veranlagten Wehrbeitrages erhoben."

hat das Gesetz die Steuernachsicht erheblich eingeschränkt, insbesondere durch Begrenzung der Befreiung von der Verpflichtung zur Nachzahlung auf die Zeit vor dem 1. April 1915, ferner durch Einfügung einer ausschließenden Frist, binnen welcher von der Steuernachsicht Gebrauch gemacht werden muß.

II.

Voraussetzung der Steuernachsicht ist: richtige Angabe nicht angegebenen steuerbaren Vermögens oder Einkommens seitens des Steuerpflichtigen oder seines Erben spätestens bis zum Ablauf der in öffentlicher Aufforderung gesetzten Frist. Richtige Angabe ist wirkungslos, soweit die Steuerbehörde bereits ein Verfahren gegen den Steuerpflichtigen oder seine Erben eröffnet hat.

1. Eine Angabe muß erfolgen. Die Angaben können tatsächlicher Natur sein. Sie können sich auch auf Rechtstatsachen und Rechtsverhältnisse beziehen, z. B. Eigentum, Treuhandverhältnis, Schuldverhältnis, Ausgleichsanspruch gegen einen Mitbürgen. Die angegebenen Tatsachen können sowohl sinnlich wahrnehmbare, wie z. B. Größe eines Grundstückes, als auch innere Tatsachen, z. B. Schenkungsabsicht sein.

Das Gebiet der in Betracht kommenden Angaben wird begrenzt durch die „tatsächlichen und rechtlichen Verhältnisse, die für die Steuerpflicht und die Bemessung der Steuer wesentlich sind“ (§ 204 RAbgO.).

Zu den in Betracht kommenden Angaben gehören auch Erklärungen über Tatsachen, die gemäß § 171 RAbgO. zur Ermittlung des Wertes beizubringen sind, falls sich die Steuererklärung auf Wertangaben zu erstrecken hat und sich der Wert nicht aus dem Nennbetrag, dem Kurswert oder aus Zahlungen ergibt.

2. Die Angaben müssen richtig sein. Das Gesetz hätte besser von wahrheitsgemäßen Angaben gesprochen; denn nach dem Sprachgebrauch der Logik sind Tatsachenurteile, zu welchen Steuererklärungen zu zählen sind, nicht richtig, sondern wahr (vgl. jedoch § 205 Abs. 2 RAbgO.: „Bedenken gegen die Richtigkeit der Erklärung“, und § 173 Abs. 1 RAbgO.: „Richtigkeit seiner Steuererklärung nachzuweisen“).

Die Angabe muß nach „bestem Wissen und Gewissen“ erfolgt sein; § 168 Abs. 3 RAbgO. Objektive Wahrheit ist nicht erforderlich; denn andernfalls wäre die Wirkung der „richtigen“ Angabe illusorisch. Z. B. es stellt sich später heraus, daß die Angabe der Höhe eines Bargutahabens auf Grund einer irrtümlichen Berechnung und Mitteilung seitens der Bank erfolgte. Wenn objektiv unwahre Angaben nach bestem Wissen und Gewissen gemacht wurden, muß die Steuernachsicht gewährt werden.

3. Die richtige Angabe muß seitens des Steuerpflichtigen oder seines Erben gemacht sein.

Nach dem Wortlaut des Gesetzes würde Steuernachsicht nur eintreten, wenn der Steuerpflichtige oder sein

Erbe ihr Vermögen oder Einkommen richtig angeben. Nach § 4 RAbgO. sind jedoch bei Auslegung der Steuergesetze ihr Zweck und ihre wirtschaftliche Bedeutung zu berücksichtigen. An dem Wortlaut des Gesetzes darf somit nicht gehaftet werden. Demzufolge muß es als zulässig erachtet werden, wenn statt des geschäftsunfähigen oder in der Geschäftsfähigkeit beschränkten Steuerpflichtigen oder seines Erben ein gesetzlicher Vertreter die Erklärung abgibt (§ 84 RAbgO.), ferner wenn, falls eine Vermögensverwaltung nach Gesetz, Anordnung der Behörde oder letztwilliger Verfügung anderen Personen als den Eigentümern oder deren gesetzlichen Vertretern zusteht, diese anderen Personen die Erklärung abgeben (§ 85 RAbgO.).

Bei Personenvereinigungen, die als solche steuerpflichtig sind, aber keine eigene Rechtspersönlichkeit besitzen, haben die nach § 86 RAbgO. zur Erfüllung der Steuerpflichten verpflichteten Personen die Angaben zu machen.

Außer den Erben können die Testamentsvollstrecker, Pfleger, Verwalter, sowie Bevollmächtigte dieser Personen entsprechend § 87 RAbgO. und endlich unter den Voraussetzungen des § 88 RAbgO. die gewillkürten Bevollmächtigten für einen Steuerpflichtigen oder dessen Erben handeln; vgl. § 79 Abs. II RAbgO.

a) In der bisherigen Steuerpraxis war es bestritten, ob der Erbe hinsichtlich erblasserischen Vermögens oder Einkommens einen Generalpardon ausnützen könne; das Gesetz bejaht diese Frage. Der Erbe hat somit einen Rechtsanspruch auf Steuernachsicht auch hinsichtlich des von dem Erblasser nicht angegebenen Vermögens oder Einkommens.

Das Gesetz spricht von dem Erben. Auch hier ist nicht an dem buchstäblichen Sinne des Ausdrucks zu haften. Mehrere Miterben haben das gleiche Recht.

Ob die Erbeneigenschaft auf Gesetz, letztwilliger Verfügung oder Erbvertrag beruht, ist gleichgültig. Der Erbschaftskäufer im Sinne des § 2371 BGB. steht jedoch dem Erben nicht gleich.

Gibt von mehreren Miterben einer die richtige Erklärung ab, so wird nach § 94 RAbgO. die Erklärung eines Miterben den anderen Miterben zustatten kommen.

Einzelne Rechtsnachfolger, wie Vermächtnisnehmer, aus einer Auflage Berechtigte, Pflichtteilsberechtigte können hinsichtlich des Vermögens oder Einkommens des Erblassers Steuernachsicht nicht herbeiführen.

b) Das Gesetz spricht von Steuerpflichtigen schlechtwegs Steuerpflichtige sind sowohl natürliche, wie juristische Personen, z. B. Aktiengesellschaften, Gesellschaften mit beschränkter Haftung, Genossenschaften, Gewerkschaften. Soweit Vermögen oder Einkommen juristischer Personen nicht angegeben wurden, können auch diese von der Steuernachsicht Gebrauch machen. Z. B. eine Aktiengesellschaft hat Vermögen bei Angabe des Betriebskapitals bei der bayerischen Gewerbesteuer verschwiegen, oder eine Gesellschaft mit beschränkter Haftung, deren Geschäftsjahr mit dem Kalenderjahr läuft, hat ihr steuerpflichtiges Einkommen, bzw. ihren Mehrgewinn für das erste Kriegsgeschäftsjahr 1914 nicht richtig angegeben.

Wenn die juristische Person nicht mehr besteht, z. B. die Aktiengesellschaft oder G. m. b. H. wurden liquidiert, so muß dem früheren Vorstand oder Liquidator das gleiche Recht eingeräumt werden, wie den Erben eines natürlichen Steuerpflichtigen. Er muß seine Freistellung von Strafe und Nachzahlung durch richtige Erklärung bewirken können; vgl. § 90 Abs. 1 RAbgO.

4. Die richtige Angabe muß sich auf Vermögen oder Einkommen des Steuerpflichtigen oder seines Erben beziehen.

Der Begriff des Vermögens ist derselbe, wie in den in Betracht kommenden Vermögenssteuergesetzen: Wehrbeitrag, Besitzsteuer, Kriegssteuer von 1916, Kriegsabgabe für das Rechnungsjahr 1918, Vermögenszuwachssteuer von 1919, Reichsnotopfer.

Auch Angabe des Vermögenszuwachses ist Vermögensangabe; denn der Vermögenszuwachs wird auf Grund der dem Steuerpflichtigen obliegenden Angabe des Anfangs- und Endvermögens berechnet.

Nach § 80 RAbgO. wird, wer einen Gegenstand als ihm gehörig besitzt, wie ein Eigentümer behandelt. Der Vorerbe und nach Aushändigung des Vermächtnisses der Vorvermächtnisnehmer sind dem Eigentümer gleich zu behandeln; ebenso der Inhaber gebundenen Vermögens. Bei Gesamthandberechtigung gilt jeder Beteiligte als nach Bruchteilen an dem gemeinschaftlichen Vermögen berechtigt.

Einkommen ist sowohl ständiges, wie nicht ständiges, aus dem Ausland wie aus dem Inland bezogenes.

Als Einkommen im Sinne des vorliegenden Gesetzes müssen auch die sogenannten Erträge angesehen werden, z. B. Kapitalerträge oder Kapitalrente, Ertrag von Grundvermögen, Ertrag eines Gewerbebetriebes; denn andernfalls würde die Steuernachsicht für die landesrechtlichen Ertragssteuergesetze keine Geltung haben.

Andere Steuerobjekte als Vermögen und Einkommen im angegebenen Sinne kommen nicht in Betracht. Das Steuernachsichtgesetz bezieht sich somit nicht auf die Verkehrssteuern, wie Stempelsteuern; auch dann nicht, wenn der Stempel wie bei Fusion von Aktiengesellschaften nach dem übertragenen Vermögen berechnet wird. Die Wertzuwachssteuer nach dem Zuwachssteuergesetz von 1911 ist keine Vermögenssteuer. Ebensowenig gilt die Steuernachsicht für Verbrauchssteuern oder Zölle.

Zweifelhaft ist die Frage, ob das Gesetz auch auf Verstöße gegen die Erbschaftssteuer zu erstrecken ist. Da es sich hier um eine Abgabe vom Vermögen handelt, ist die Frage zu bejahen.

5. Das richtig angegebene Vermögen oder Einkommen muß früher nicht angegeben worden sein. Die richtige Angabe muß somit, um zur Steuernachsicht zu führen, ersehen lassen, daß es sich um früher verschwiegenes Vermögen oder Einkommen handelt; die richtige Angabe muß das bisher verschwiegene Vermögen oder Einkommen freiwillig einbekennen.

Dies entspricht der bisherigen Praxis der obersten Steuerbehörden.

Die frühere Nichtangabe kann absichtlich oder fahrlässig geschehen sein oder auf einem Rechts- oder Tatsachenirrtum beruht haben, den der Abgabepflichtige oder sein Erbe inzwischen erkannt haben.

Wie Abs. 2 des § 1 ausdrücklich hervorhebt, tritt keine Befreiung hinsichtlich des Vermögens oder Einkommens ein, bezüglich dessen die Steuerbehörde bereits ein Verfahren gegen den Steuerpflichtigen oder dessen Erben eröffnet hat.

Jedes eröffnete Verfahren schließt die Steuernachsicht aus; ein Strafverfahren hinsichtlich der Strafbefreiung; ein Nachholungs-, Nachveranlagungs- und Neuveranlagungsverfahren zwecks Nachholung der Steuer hinsichtlich der Steuernachzahlung.

Das Verfahren muß jedoch bereits eröffnet sein. Als Eröffnung eines Verfahrens ist jede amtliche Maßnahme anzusehen, die innerhalb des Pflichtenkreises der Steuerbehörde zur Durchführung des Veranlagungs- oder Strafverfahrens liegt.

Ob der Steuerpflichtige oder sein Erbe von der Eröffnung des Verfahrens Kenntnis hat oder nicht, ist unerheblich.

Das Verfahren muß sich gegen den Steuerpflichtigen oder dessen Erben (vgl. Ziff. 3a) richten.

Es genügt jedoch, wenn das Verfahren gegen denjenigen eröffnet wurde, der nach den Steuergesetzen neben dem Steuerpflichtigen oder an dessen Stelle persönlich für die Steuer haftet; § 79 Abs. 2 RAbgO.

6. Das nicht angegebene Vermögen oder Einkommen h ä t t e z u e i n e r ö f f e n t l i c h e n A b g a b e v e r a n l a g t w e r d e n m ü s s e n. Es muß sich um steuerbares Vermögen oder Einkommen handeln. Ob Vermögen oder Einkommen steuerbar war, ist aus den einzelnen Steuergesetzen zu erschließen. Der Tatbestand, an welchen das Gesetz die Leistungspflicht knüpft, muß zutreffen; § 1 Satz 1 RAbgO.

Jede öffentliche Abgabe genügt. In Betracht kommen somit nicht nur Reichs- und Landessteuern (Steuern der früheren Bundesstaaten), sondern auch Kommunalsteuern und Kirchenabgaben.

Der Begriff der öffentlichen Abgabe entspricht der Begriffsbestimmung im § 1 Abs. 1 Satz 1 RAbgO. In Betracht kommen vornehmlich:

Wehrbeitrag vom Vermögen oder Einkommen, der jedoch regelmäßig verjährt sein wird, Besitzsteuer, Kriegssteuer nach dem Gesetz von 1916 mit 20%igem Zuschlag (vgl. zu § 2), sämtliche landesrechtlichen Vermögenssteuern (Ergänzungssteuern), Einkommensteuern und Ertragssteuern, Gemeindesteuern vom Vermögen und Einkommen (jedoch nicht die gemeindliche bayer. Warenhausumsatzsteuer, da sie nicht vom Vermögen erhoben wird), sowie Gemeindeumlagen, d. h. Zuschläge zu den staatlichen Einkommen- und Vermögenssteuern. (Die Tantiemensteuer nach Reichsstempelgesetz ist zwar materiell Einkommensteuer, aber ihrer juristischen Natur nach als Stempelsteuer konstruiert, kommt nicht in Betracht.)

7. Die richtige Angabe muß spätestens bis zum Ablauf einer in öffentlicher Aufforderung gesetzten Frist erfolgen. Nach dem Wortlaut des Gesetzes kann zweifellos die richtige Angabe schon vor Beginn dieser Frist und zwar vom Tage des Inkrafttretens des Gesetzes (§ 5 des Gesetzes) an erfolgen. Nach dem Wortlaut das Gesetzes würde es sich um eine allgemeine Frist handeln, da die Aufforderung eine öffentliche sein soll.

Nach § 65 RAbgO. wird Verlängerung der Frist seitens der Steuerbehörde auf Antrag möglich sein. Für Steuerpflichtige, die zu Anfang der Frist nicht im Deutschen Reiche sind, wird § 66 RAbgO. gelten.

Für die Berechnung der Frist sollen nach § 64 RAbgO. die Vorschriften des BGB. anwendbar sein. Für den Ablauf der Frist gilt somit § 181 BGB. Die richtige Angabe muß vor Ablauf der Frist bei der zuständigen Stelle eingetroffen sein.

Die öffentliche Aufforderung kann für das Vermögen und das Einkommen getrennt erlassen werden.

Die Frist ist bis zum 15. April 1919 erstreckt worden.

III.

Die Wirkungen der richtigen Angaben sind: Freistellung von Strafe und der Verpflichtung zur Nachzahlung der Abgabe für die Zeit vor dem 1. April 1915; vgl. Einleitung.

1. Freistellung von Strafe. Strafverfolgung kann nicht eintreten; es entfällt sowohl das Verwaltungsstrafverfahren (§§ 386ff. RAbgO.), wie das gerichtliche Verfahren (§§ 426ff. RAbgO.). Nach § 27 der Verordnung zur Einführung der Reichsabgabenordnung vom 18. Dezember 1919 wären an sich die Vorschriften der Reichsabgabenordnung anwendbar.

Wird entgegen dem § 1 des Gesetzes ein Strafverfahren eingeleitet, so hat Einstellung des Verfahrens, nicht Freisprechung zu erfolgen (§§ 411, 385 RAbgO.).

In Betracht kommen die Strafbestimmungen folgender Gesetze:

a) Wehrbeitragsgesetz (§§ 56, 57). Nach § 63 WBG. mit § 164 Vereinszollgesetz werden wegen Ablaufs der dreijährigen Verjährungsfrist die Strafen verjährt sein.

b) Besitzsteuergesetz (§§ 76ff.). Die Verjährung richtet sich hier nach dem allgemeinen Strafgesetzbuch.

c) Kriegssteuergesetz von 1916 (§§ 33ff.).

d) Kriegsabgabegesetz für das Rechnungsjahr 1918 (§ 39).

e) Reichserbschaftssteuergesetz von 1906.

f) Staatliche Einkommen- und Ertragssteuergesetze.

2. Die — nach allen Steuergesetzen unabhängig von der Bestrafung — eintretende Nachholung der nicht veranlagten Abgabe erfolgt nicht für die Zeit vor dem 1. April 1915.

Die Nachveranlagung ist nur bis zu dem angegebenen Zeitpunkt ausgeschlossen. Die Bestimmung ist für das preußische Steuerjahr, das vom 1. April bis 31. März des folgenden Jahres läuft, zugeschnitten. Wenn, wie in Bayern, das Steuerjahr das Kalenderjahr ist, muß die nachzuholende Jahressteuer für 1915 zu ¼ abgesetzt werden.

Auf den Wehrbeitrag vom Vermögen bezieht sich die Bestimmung nicht; hier gibt § 2 eine Sonderregelung. Dagegen fällt der Wehrbeitrag vom Einkommen unter die Amnestie. Ebensowenig bezieht sich die Bestimmung auf die Besitzsteuer; denn die Besitzsteuer, welche für einen dreijährigen Zeitraum veranlagt wird, läßt sich nicht teilen; es ist unmöglich festzustellen, welcher Teil des Vermögenszuwachses bis 1. April 1915 angefallen ist. Außerdem entstand bei der Besitzsteuer die Steuerschuld erst mit der Veranlagung. Für die Vermögenszuwachssteuer nach dem Kriegssteuergesetz von 1916 gilt aus den gleichen Gründen die Vorschrift ebensowenig, wohl aber für die in diesem Gesetz enthaltene Steuer vom Mehrgewinn der Gesellschaften, wenn das erste Kriegsgeschäftsjahr in die Zeit vor dem 1. April 1915 fiel.

Die praktische Bedeutung der Freistellung von der Steuernachzahlung liegt hauptsächlich auf dem Gebiete der Landesbesteuerung und zwar der Einkommensteuern. Das Reichsgesetz zeigt seine Noblesse auf Kosten der Landesfinanzen; das gilt auch für die Freistellung von Bestrafung, weil die Strafen in die Landeskasse zu fließen hatten.

Die hinterzogene Abgabe für die Zeit nach dem 1. April 1915 ist auf jeden Fall nachzuzahlen und zwar, wenn das Steuergesetz die Pflicht des Abgabenschuldners zur Verzinsung vorsieht (z. B. § 31 Abs. 3 Kriegssteuergesetz von 1916), einschließlich der aufgelaufenen Zinsen, aber ohne Zinseszinsen.

IV.

Wegen des Verhältnisses der Steuernachsicht zur „tätigen Reue“ vgl. Einleitung.

§ 2.

Für die Kriegsabgabe vom Vermögenszuwachse wird das Anfangsvermögen, das der Veranlagung zugrunde zu legen ist, berichtigt, wenn der Steuerpflichtige nachweist, daß Vermögen, welches er oder sein Erblasser bereits am 31. Dezember 1913 gehabt hat, bei der Veranlagung zum Wehrbeitrage nicht berücksichtigt worden ist. Von dem nicht berücksichtigtem Vermögen wird der zehnfache Betrag des zu wenig veranlagten Wehrbeitrags erhoben. Hierüber ist ein schriftlicher Steuerbescheid zu erteilen.

I.

Die Steuernachsicht wurde seitens der Steuerpflichtigen mit besonderem Eifer hinsichtlich der Kriegsabgabe vom Vermögenszuwachs erstrebt, seitens der Regierung mit gewichtigen Gründen bekämpft. Wer bei der Veranlagung zum Wehrbeitrag sein Vermögen, das nunmehr für die Kriegsabgabe vom Vermögenszuwachs als Anfangsvermögen gilt, zu niedrig angegeben hatte, wird von der Vermögenszuwachssteuer mit ihren konfiskatorischen Sätzen unter Umständen vernichtend betroffen. Anderseits konnte gerade hinsichtlich der Kriegssteuern keine Prämie auf Steuerhinterziehung aus moralischen, innerpolitischen und fiskalischen Gründen gewährt werden.

Der nach § 36 des Kriegssteuergesetzes von 1916 für die Handhabung des sog. Härteparagraphen zuständige Bundesrat hatte folgende P r a x i s geübt:

> Falls der Steuerpflichtige in seiner Wehrbeitragserklärung sein Vermögen absichtlich zu niedrig angegeben hatte, wurde der so entstandene rein rechnerische Vermögenszuwachs von der Kriegsabgabe nicht freigestellt. Nur in einigen wenigen Fällen, in denen sich das Vermögen tatsächlich nur wenig vermehrt oder sogar verringert hatte und die Kriegsabgabe sehr erheblich war, hat der Bundesrat die Kriegsabgabe von dem nur rechnerischen Ver-

mögenszuwachs auf das zwanzigfache des hinterzogenen Wehrbeitrags ermäßigt, namentlich dann, wenn die Erben desjenigen, der Wehrbeitrag hinterzogen hatte, die Kriegsabgabe zahlen mußten (vgl. Potthast „Die Härteparagraphen der Kriegssteuergesetze und die Praxis des Bundesrates" S. 12).

Der vom Bundesrat in Ausnahmefällen geübten Praxis schließt sich § 2 des Steuernachsichtgesetzes an.

II.

§ 2 enthält eine Sonderbestimmung für die Berechnung der Kriegsabgabe vom Vermögenszuwachs nach Maßgabe des Gesetzes vom 10. September 1919 (RGBl. S. 1579) und zwar nur für diese Kriegsabgabe vom Vermögenszuwachs.

Für die Besitzsteuer gilt § 2 nicht. Ebensowenig ist — ohne ersichtlichen Grund — eine Berichtigung des Friedenseinkommens bzw. Friedensgewinns für die Berechnung der Kriegsabgabe vom Mehreinkommen bzw. Mehrgewinn nach den Kriegsabgabegesetzen für das Rechnungsjahr 1918 und 1919 vorgesehen; § 1 des Gesetzes greift in diesen Fällen ebenfalls nicht ein; vgl. Bem. III, 2 zu § 1. Endlich gilt § 2 nicht für die Kriegssteuer nach dem Gesetz von 1916, die ebenfalls als Vermögenszuwachssteuer für den Veranlagungszeitraum vom 1. Januar 1914 bis 31. Dezember 1916 erhoben wurde. Wer auf Grund des Kriegssteuergesetzes von 1916 einen Vermögenszuwachs angab, der sich wegen Verschweigung von Wehrbeitragsvermögen bloß rechnerisch ergeben hatte, und auf Grund dieses Vermögenszuwachses Kriegssteuer entrichtete, kann nachträglich Berichtigung des Anfangsvermögens und Rückerstattung der von dem rein rechnerischen Vermögenszuwachs gezahlten Kriegssteuer nicht fordern, auch wenn er in der Zeit vom 31. Dezember 1916 bis 30. Juni 1919 eine gewaltige Vermögensminderung erlitt. Denn eine Rückzahlung der die neue Abgabe übersteigenden, auf die frühere Kriegssteuer von 1916 gezahlten Beträge ist im Gesetz nicht vorgesehen.

§ 2 enthält aber keine ausschließende Sonderregelung für die Kriegsabgabe vom Vermögenszuwachs. Soweit § 2 keine besonderen Bestimmungen enthält, gelten ergänzend die Vorschriften des § 1. Das ist von Bedeutung hinsichtlich des Zeitraums, binnen welchem der Antrag auf Berichtigung zu stellen ist, ferner für die Nacherhebung der Besitzsteuer.

III.

Die Voraussetzung der Berichtigung des Anfangsvermögens ist, daß der Steuerpflichtige nachweist, daß er oder sein Erblasser am 31. Dezember 1913 Vermögen besaß, das bei der Veranlagung zum Wehrbeitrag nicht berücksichtigt worden ist.

1. Dem Steuerpflichtigen stehen nach § 79 RAbgO. diejenigen gleich, die nach den Steuergesetzen, insbesondere nach der Reichsabgabenordnung, neben den Steuerpflichtigen oder an deren Stelle persönlich für die Steuer haften; vgl. § 1 Bem. II, 3.

Steuerpflichtig im Sinne dieser Bestimmungen können nur natürliche Personen sein, da nur für diese das Vermögenszuwachssteuergesetz gilt.

Auch beschränkt Steuerpflichtige (§ 2, II des Vermögenszuwachssteuergesetzes) fallen unter § 2.

2. Der Steuerpflichtige muß nachweisen.

Im Entwurf war einwandfreier Nachweis verlangt. Die Streichung ist berechtigt. Ob der Nachweis erbracht ist, ist auf Grund freier richterlicher Beweiswürdigung festzustellen; vgl. § 258 RAbgO.: „über tatsächliche Verhältnisse entscheidet das Gericht nach seiner freien, aus der Verhandlung und einer Beweisaufnahme geschöpften Überzeugung"; vgl. auch § 30 AusfB. zum Vermögenszuwachssteuergesetz: „Der Nachweis kann auf jede geeignete Weise vor dem Finanzamt geführt werden," ferner § 6 RAbgO.: „Wo die Behörden die Entscheidung nach ihrem Ermessen zu treffen haben, hat sie nach Recht und Billigkeit zu erfolgen." Die Billigkeit wird erfordern, daß die Beweiswürdigung nicht nach zu strengem Maßstabe erfolge, entsprechend dem Gnadencharakter des Gesetzes.

Die Beweislast obliegt dem Steuerpflichtigen.

3. Der Steuerpflichtige oder sein Erblasser müssen das nicht berücksichtigte Vermögen gehabt haben; vgl. § 1 Bem. II, 4. Die Vorschrift des § 80 RAbgO.:

„Wer einen Gegenstand als ihm gehörig besitzt, wird wie ein Eigentümer behandelt"

findet Anwendung. Der Treuhänder gilt nicht als Eigentümer des Treugutes im Sinne des Steuergesetzes.

Es muß sich um steuerbares Vermögen handeln; vgl. § 8 des Besitzsteuergesetzes.

4. Der Steuerpflichtige oder sein Erblasser muß das nicht berücksichtigte Vermögen bereits am 31. Dezember 1913 gehabt haben. Der 31. Dezember 1913 war der Stichtag für die Feststellung des Wehrbeitrages (§ 15 WBG.).

Wie aber, wenn das Anfangsvermögen nicht auf den 31. Dezember 1913 festgestellt wurde, sondern auf einen späteren Termin? Z. B. die persönliche Steuerpflicht nach § 2 des Vermögenszuwachssteuergesetzes wurde erst nach dem 1. Januar 1914 begründet, durch Zuzug oder Erwerb inländischen Grundvermögens, oder ein Ausländer hielt sich am 31. Dezember 1913 nur vorübergehend in Deutschland auf und nahm erst später dauernden Wohnsitz oder Aufenthalt. In diesen Fällen ist, wenn man nicht zu einer Wortinterpretation gelangen will, an Stelle des 31. Dezember 1913 der Zeitpunkt zu nehmen, auf welchen nach § 4 Abs. 1 Vermögenszuwachssteuergesetz das Anfangsvermögen festgestellt wird. Diese Auslegung entspricht § 4 RAbgO.

5. Das im Zeitpunkt, für welchen das Anfangsvermögen festzustellen ist, besessene Vermögen ist bei der Veranlagung zum Wehrbeitrag nicht berücksichtigt worden.

a) Die Veranlagung zum Wehrbeitrag kann in einem Wehrbeitrags- oder in einem Feststellungsbescheid erfolgt sein. Veranlagung ist auch Neuveranlagung im Sinne des § 54 WBG. Entsprechend § 4 RAbgO. ist die erstmalige Besitzsteuerveranlagung, die nach § 4 Abs. 1 Vermögenszuwachssteuergesetz für die Berechnung des Anfangsvermögens maßgebend ist, der Veranlagung zum Wehrbeitrag gleichzustellen; vgl. Bem. III, 4.

Ob der Bescheid rechtskräftig ist oder nicht, ist gleichgültig. Auch wenn noch ein Rechtsmittelverfahren schwebt, kann unter Zurücknahme des Rechtsmittels Berichtigung gefordert werden. Die Rechtsmittelbehörde kann nicht von Amts wegen auf Grund des ihr vorliegenden Sachverhalts das Anfangsvermögen festsetzen.

b) Das Vermögen muß veranlagbar, d. h. steuerbar nach den Vorschriften des Wehrbeitragsgesetzes gewesen sein. Nach dem Wehrbeitragsgesetz steuerfreie Vermögensgegenstände, z. B. Hausrat, Schmuck, ausländisches Betriebsvermögen, können nicht die Grundlage des Berichtigungsantrags bilden. Auch dann nicht, wenn das steuerfreie Vermögen durch Veräußerung zu steuerbarem Vermögen geworden ist; denn andernfalls könnte der Steuerpflichtige bei der Berechnung des Endvermögens den Veräußerungserlös abziehen (§ 6 Ziff. 5 Vermögenszuwachssteuergesetz), während er ihn beim Anfangsvermögen hinzuzählt!

c) Aus welchen Gründen die Nichtberücksichtigung erfolgte, ist gleichgültig. Auch falls vorsätzlich zum Zwecke der Steuerhinterziehung das Vermögen verschwiegen wurde, hat die Berichtigung zu erfolgen; selbstverständlich auch dann, wenn Fahrlässigkeit oder Irrtum der Behörde vorlag.

d) Es muß sich um nichtberücksichtigtes Vermögen handeln. Eine neue Bewertung bei der Wehrbeitragsveranlagung berücksichtigten Vermögens kann nicht verlangt werden. Hier bleibt es bei den Bestimmungen des § 4 Vermögenszuwachssteuergesetz und bei der Geltendmachung des Härteparagraphen (§ 32 Vermögenszuwachssteuergesetz).

6. Die Berichtigung erfolgt nur auf Antrag. Für den Antrag ist keine Form vorgeschrieben. Zuständig ist das Finanzamt, § 21 Abs. 2 RAbgO. mit § 2 Verordnung zur Einführung der RAbgO. Die Ausschüsse nach § 25 Abs. 1 RAbgO., die bei den Finanzämtern gebildet sind, werden mitzuwirken haben.

IV.

Die Wirkungen des begründeten Antrags auf Berichtigung des Anfangsvermögens sind:

1. Die Berichtigung des Anfangsvermögens. Die Kriegsabgabe vom Vermögenszuwachs wird also nicht erlassen, sondern ihre Berechnung (§ 3 Vermögenszuwachssteuergesetz) erfolgt unter Zugrundelegung des berichtigten Anfangsvermögens. Die Bemessungsgrundlage der Steuer, der Vermögenszuwachs, wird kleiner, die Steuer also niedriger.

Die Berichtigung erfolgt nicht in einem gesonderten Bescheid; vielmehr wird das berichtigte Anfangsvermögen in den neu zu erlassenden Wehrbeitragsnachzahlungsbescheid aufgenommen.

2. Aus dem berichtigten Anfangsvermögen wird Wehrbeitrag vom Vermögen (nicht vom Einkommen) nacherhoben, und zwar der zehnfache Betrag des zu wenig veranlagten Wehrbeitrages.

a) Die Berechnung des nachzuerhebenden Betrags erfolgt in nachfolgender Weise:

Es wird der Wehrbeitrag aus dem berichtigten Anfangsvermögen errechnet. Von diesem errechneten Betrag wird der tatsächlich gezahlte Wehrbeitrag abgezogen. Die Differenz wird mit 10 multipliziert.

Beispiele:

Anfangsvermögen		100 000 Mk.
Angegeben		50 000 Mk.
Endvermögen		200 000 Mk.
Wehrbeitrag:	richtig	250 Mk.
	bezahlt	75 Mk.
	Differenz	175 Mk.

Mehr zu zahlen 175 × 10 = 1750 Mk.

Vermögenszuwachs:	100 000 Mk.	statt	150 000 Mk.
Abgabe vom VZ.	30 500 Mk.	„	55 500 Mk.

b) Wenn die Steuerpflicht nach dem 31. Dezember 1913 begründet und ein Feststellungsbescheid erlassen wurde gelegentlich der erstmaligen Veranlagung zur Besitzsteuer per 31. Dezember 1916, so ist das Anfangsvermögen zu berichtigen und entsprechend § 4 RAbgO. von dem nicht berücksichtigten Vermögen das Zehnfache des Betrags zu erheben, der zu zahlen gewesn wäre, wenn das nicht berücksichtigte Vermögen dem Wehrbeitrag unterlegen hätte.

c) Das Gesetz erklärt: das Zehnfache wird von dem nichtberücksichtigten Vermögen erhoben. Das ist nach a ungenau. Nicht ist damit gesagt, daß die Steuer aus dem nicht berücksichtigten Vermögen zu zahlen sei.

Die Bewertung des nicht angegebenen Vermögens hat nach den Wertverhältnissen vom 31. Dezember 1913 zu erfolgen. Weist z. B. ein Abgabepflichtiger nach, daß er bei der Wehrbeitragsveranlagung nicht angegebene Effekten in ausländischer Währung bereits am 31. Dezember 1913 besessen hat, so sind diese nach der Friedensparität (anders beim Endvermögen!) zu bewerten und danach das Zehnfache des zu wenig veranlagten Wehrbeitrags zu berechnen.

d) Die Feststellung der Nachzahlung erfolgt durch schriftlichen Steuerbescheid. § 211 RAbgO. ist anzuwenden. Die Rechtsmittel sind die in der Reichsabgabenordnung bestimmten.

3. Eine Bestrafung erfolgt nicht; dieselbe wäre auch regelmäßig verjährt. Auch nach Kriegssteuergesetz von 1916 erfolgt keine Bestrafung gemäß § 1 des Steuernachsichtgesetzes.

V.

§ 4 Abs. II des Vermögenszuwachssteuergesetzes bestimmt:

„Ist das Anfangsvermögen bereits rechtskräftig, aber infolge eines Rechtsirrtums der Steuerbehörde oder des Abgabepflichtigen unrichtig festgestellt, so ist diese Vermögensfeststellung für die Veranlagung der Kriegsabgabe zu berichtigen."

Diese Vorschrift gilt neben dem § 2 des Steuernachsichtsgesetzes unverändert fort. Das hat praktische Bedeutung vor allem in folgenden Fällen:

1. Der Steuerpflichtige kann unter den Voraussetzungen des § 4 Abs. II Berichtigung des Anfangsvermögens, d. h. Erhöhung desselben verlangen, ohne daß er den 10fachen Betrag des zu wenig veranlagten Wehrbeitrags nachzahlen muß.
2. Die Steuerbehörde kann trotz des Steuernachsichtsgesetzes Berichtigung des Anfangsvermögens zuungunsten des Steuerpflichtigen d. i. Minderung des Anfangsvermögens herbeiführen. In diesem Fall ist der zuviel erhobene Wehrbeitrag vom Vermögen zurückzuvergüten, die erhöhte Vermögenszuwachssteuer zu entrichten.

§ 3.

Vermögen, das nach dem Inkrafttreten der Reichsabgabenordnung bei der Veranlagung zur Kriegsabgabe vom Vermögenszuwachs oder zum Reichsnotopfer vorsätzlich verschwiegen wird, verfällt zugunsten des Reichs. Die Einziehung der verfallenen Vermögensgegenstände erfolgt nach den Vorschriften der Reichsabgabenordnung über die Beitreibung auf Grund eines Vollstreckungsbescheids des Finanzamts. Der Vollstreckungsbescheid ist im Berufsverfahren (§ 218 der Reichsabgabenordnung) anfechtbar.

Kann die Einziehung verfallener Vermögensgegenstände nicht vollzogen werden, so tritt an ihre Stelle der in dem Vollstreckungsbescheid oder einem Ergänzungsbescheid festgesetzte Wert.

§ 108 der Reichsabgabenordnung gilt entsprechend.

Nach näherer Bestimmung der Reichsregierung wird Deutschen eine Bescheinigung über das pflichtmäßig bei der Veranlagung zur Kriegsabgabe vom Vermögenszuwachs und zum Reichsnotopfer angegebene Vermögen im Ausland sowie über die Höhe des hiernach dem Verfalle nicht unterliegenden Vermögens erteilt.

I.

Der vorliegende Generalpardon soll nach feierlicher Erklärung der Reichsregierung der letzte in der deutschen Finanzgeschichte sein. Wer diesesmal von der Steuernachsicht keinen Gebrauch macht, wird — von den sonstigen angedrohten Strafen abgesehen — noch bedroht mit der Rechtsfolge des Verlustes verschwiegenen Vermögens. § 3 enthält eine Verfallvorschrift. Eine Rechtsfolge, die auf dem Gebiete der indirekten Besteuerung, insbesondere des Zollrechts, bereits bestand, wird jetzt zum ersten Male in das Gebiet der direkten Besteuerung eingeführt.

II.

Die Voraussetzungen des Verfalls sind:

1. Vermögen muß verschwiegen werden. Die Vermögensgegenstände können Sachen, Forderungsrechte jeder Art, dingliche Rechte, Anteilsrechte am Gesamtgut usw. sein. Gleichgültig ist, ob es sich um inländisches oder ausländisches Vermögen handelt. Jedoch muß das Vermögen dem Steuerpflichtigen zustehen; er muß den verschwiegenen Gegenstand als ihm gehörig besitzen (vgl. § 80 RAbgO.). Verschweigung seitens eines Bevollmächtigten, Verwalters, Testamentsvollstreckers, Treuhänders führt nicht zum Verfall, wenn nicht der Steuerpflichtige von dem Vorgehen seines Vertreters Kenntnis hat.

Das Vermögen muß steuerbares Vermögen sein. Die Vorschrift bezieht sich somit beispielsweise nicht auf Hausrat oder dem unmittelbaren Gebrauch dienenden Gegenstände, oder auf am 31. Dezember 1913 schon vorhandenes ausländisches Grund- oder Betriebsvermögen, das bei der Veranlagung zur Kriegsabgabe vom Vermögenszuwachs nicht angegeben wurde. Ebensowenig bei der Veranlagung zum Reichsnotopfer auf Kunstgegenstände, die vor dem 31. Juli 1914 erworben waren (§ 12 Z. 1 RNotG.).

Einkommen verfällt insoweit, als es zum steuerbaren Vermögen gehörte z. B. bei der Vermögenszuwachssteuer die aus den laufenden Jahreseinkünften vorhandenen Bestände.

2. Die Verschweigung muß bei der Veranlagung zur Kriegsabgabe vom Vermögenszuwachs oder zum Reichsnotopfer erfolgt sein und zwar nach dem Inkrafttreten der Reichsabgabenordnung. Da letztere bereits am 23. Dezember 1919 in Kraft getreten ist, die Veranlagung nach den beiden Gesetzen erst später erfolgte, ist der Zusatz überflüssig. Nur die beiden ausdrücklich genannten Veranlagungen kommen in Betracht. Nicht also die Veranlagung zur Reichseinkommensteuer, zur Kapitalertragssteuer (§ 9 Abs. III KStG.) oder einer Nachlaß- und Erbanfallsteuer.

Die Verschweigung muß während der Dauer der Veranlagung zu den angegebenen Steuern stattgefunden haben; eine Erklärung vor Beendigung der Veranlagung beseitigt die Verfallwirkung. Die Abgabe der Steuererklärung ist nur ein Akt des Veranlagungsgeschäfts; wird das in der Steuererklärung verschwiegene Vermögen später im Ermittlungsverfahren dem Finanzamt gegenüber angegeben, so soll das Vermögen nicht verfallen. Die Veranlagung der beiden Steuern erfolgt nach den Vorschriften der Reichsabgabeordnung. Sie beginnt mit der Aufforderung zur Abgabe der Steuererklärung, besteht in der Prüfung der abgegebenen Steuererklärungen (§ 205 RAbgO.), Vornahme der Ermittlungen (§ 172 RAbgO.), Feststellung der Steuer (§ 210 RAbgO.) und Zustellung des Steuerbescheids (§ 211 RAbgO., § 23 VermZuwStG.).

3. Die Verschweigung muß vorsätzlich erfolgen. Der Vorsatz erstreckt sich auf Steuerhinterziehung (vgl. § 359 Abs. 5 RAbgO. „Vorsatz der Hinterziehung");

die Verschweigung erfolgt mit dem Willen, Steuereinnahmen zu verkürzen. Rechtsirrtum und Tatsachenirrtum schließen den Vorsatz aus. Die Steuerverkürzung muß Beweggrund des Verschweigens, braucht aber nicht der einzige und ausschließliche Beweggrund gewesen sein.

Vermögensgegenstände als solche müssen verschwiegen sein. Die Nichtangabe von Tatsachen, die nach § 171 RAbgO. zur Ermittlung des Wertes von Vermögensgegenständen beizubringen sind, erfüllt den Tatbestand des § 3 nicht. Wohl aber liegt Verschweigung vor, wenn in der Steuererklärung eine nicht erkennbare Verrechnung zwischen Aktiv- und Passivposten stattgefunden hat; wenn entgegen gesetzlicher Vorschrift der Steuerpflichtige eine Forderung nicht angegeben und gleichzeitig eine Schuld in gleicher Höhe nicht vom Vermögen abgezogen hat, hat er Vermögen verschwiegen.

Die vorsätzliche Verschweigung vom Vermögen durch die gesetzlichen Vertreter einer dem Reichsnotopfer unterworfenen juristischen Person (§ 2 Ziff. 4, 5 Reichsnotopfergesetz) führt zum Verfall. Wenn dagegen ein gesetzlicher Vertreter, insbesondere ein Vormund oder Pfleger, ein Verwalter oder gewillkürter Bevollmächtigter ohne Wissen des Steuerpflichtigen Vermögen vorsätzlich verschweigt, kann die Rechtsfolge des Verfalls nicht eintreten; denn eine Haftung für fremdes Verschulden ist nicht zu vermuten, sondern nur gegeben, wenn das Gesetz sie ausdrücklich bestimmt, vgl. auch § 381 Abs. I RAbgO.

III.

Die **Wirkung** der vorsätzlichen Verschweigung ist: **Verfall** der verschwiegenen Vermögensgegenstände **zugunsten des Reichs**.

1. **Verfall** der Vermögensgegenstände ist nicht gleichbedeutend mit sofortigem Übergang der verschwiegenen Sache oder des verschwiegenen Rechts auf das Reich. Dieser Rechtsübergang könnte erst mit Beendigung des Veranlagungsverfahrens eintreten; denn bis zu diesem Zeitpunkte kann die Nichtangabe seitens des Steuerpflichtigen nachgeholt werden vgl. II, 2. Auch würde der unmittelbare Übergang des verschwiegenen

Vermögensgegenstandes auf den Reichsfiskus als unmittelbare Rechtsfolge der Verschweigung unvereinbar sein mit den Erfordernissen der Verkehrssicherheit.

Verfall zugunsten des Reichs ist gleichbedeutend mit dem Anspruch des Reichs auf Übertragung des verfallenen Vermögensgegenstandes. Das Recht an dem verfallenen Vermögensgegenstand geht mit der Rechtskraft der Entscheidung des Finanzamts, welche den Verfall ausspricht, an das Reich über, entsprechend der Vorschrift des § 380 RAbgO. Diese Entscheidung des Finanzamts, der sog. „Vollstreckungsbescheid" hat somit konstitutive Bedeutung. Sie spricht nicht eine bereits eingetretene Rechtsänderung aus, sondern bewirkt sie, verwirklicht den Anspruch des Reichs auf Rechtsübertragung.

Der Vermögensgegenstand kann eine bewegliche oder unbewegliche Sache sein; letzteres ist beispielsweise beim Notopfer, welchem auch ausländisches Grundvermögen unterliegt, wohl denkbar. Der Verfall besteht hier im Eigentumsübergang auf das Reich. Oder eine Forderung, ein Bankguthaben, ein dingliches Recht, ein Nießbrauch; hier wird das Reich Gläubiger der Forderung, Berechtigter.

Ist der verschwiegene Vermögensgegenstand im Zeitpunkt der Rechtskraft des Verfallbescheids nicht mehr vorhanden, z. B. eine verfallene Forderung ist in der Zwischenzeit bezahlt worden, oder kann die Einziehung der verschwiegenen Vermögensgegenstände aus irgend welchen anderen Gründen nicht vollzogen werden, so tritt an seine Stelle der Wert, welcher im Bescheid des Finanzamts oder einem Ergänzungsbescheid festzusetzen ist. Der festzusetzende Wert ist der gemeine Wert, § 137 Abs. I RAbgO.

Die Rechtsfolge des Verfalls besteht neben den übrigen Rechtsfolgen der vorsätzlichen Verschweigung, also neben der Verpflichtung zur Steuernachzahlung und neben der Steuerstrafe.

2. Der Verfall wirkt zugunsten des Reichs, welches auch Gläubiger des Steueranspruchs bei Vermögenszuwachssteuer (§ 1 VermZuwStG.) und Notopfer (§ 1 RNotopferG.) ist.

Das Reich tritt an Stelle des Berechtigten, der vorsätzlich den ihm gehörigen Vermögensgegenstand verschwieg. Rechte dritter Personen werden nicht berührt — im Gegensatz zu den Rechtswirkungen der Einziehung nach § 380 RAbgO. Denn es handelt sich nicht um ein objektives Strafverfahren, wie bei der Einziehung hinterzogener Gegenstände im Sinne des § 379 RAbgO., sondern um eine selbständig ausgestaltete Rechtsfolge des steuerwidrigen Verhaltens einer steuerpflichtigen Person. Der verschwiegene Vermögensstand ist nicht Konterbande, sondern wird eingezogen, weil er einer steuerpflichtigen Person, welche ihre Pflichten nicht erfüllte, gehört.

Wird der verfallene Vermögensgegenstand nach der Rechtskraft des Verfallbescheids von einem Dritten ohne Kenntnis des Bescheids erworben, so ist der Gegenstand bei dem Dritten nicht der Einziehung unterworfen. Eingezogen wird dann der Wert des Gegenstands, vgl. oben 1.

IV.

Das Verfahren ist nicht nach Analogie des Strafverfahrens, sondern entsprechend dem Beitreibungsverfahren einer Steuerschuld geregelt. Die Einziehung der verfallenen Vermögensgegenstände erfolgt nach den Vorschriften der Reichsabgabeordnung über die Beitreibung. Die Grundlage der Beitreibung bildet ein Vollstreckungsbescheid bzw. ein Ergänzungsbescheid (vgl. III, 2) des Finanzamts.

1. Der vom Finanzamt zu erlassende Vollstreckungsbescheid ist von derselben Behörde und in derselben Form zu erlassen, wie der Veranlagungsbescheid zur Vermögenszuwachssteuer und zum Reichsnotopfer. Im Bescheid ist der verfallene Vermögensgegenstand aufzuführen. Die Vorschrift des § 211 RAbgO. ist einzuhalten.

2. Der Bescheid und zwar sowohl der Vollstreckungsbescheid, wie der allenfallsige Ergänzungsbescheid, ist im Berufungsverfahren nach § 218 RAbgO. anfechtbar. Gegen die Entscheidung des Finanzamts ist somit zunächst Einspruch gegeben, über welchen das

Finanzamt entscheidet. Gegen die Einspruchsentscheidung des Finanzamts ist Berufung zulässig, über welche das Finanzamt erkennt, gegen die Berufungsentscheidung des Finanzgerichts die Rechtsbeschwerde zum Reichsfinanzhof.

3. Die Beitreibung des verfallenen Vermögensgegenstandes bzw. seines Wertes erfolgt nach den §§ 298 ff. RAbgO. Die Beitreibung darf erst beginnen, wenn dem Vollstreckungsschuldner der Vollstreckungs- bzw. Ergänzungsbescheid bekanntgegeben und seit der Bekanntgabe mindestens eine Woche verstrichen ist (über Sicherungsmaßregeln vgl. 4), § 299 Abs. IV RAbgO. Behauptet ein Dritter, daß er an dem Einziehungsgegenstand ein die Einziehung hinderndes Recht habe, z. B. daß er Eigentümer des Gegenstandes sei, so ist der Widerspruch durch Klage entsprechend § 301 RAbgO. geltend zu machen.

Die Beitreibung des Wertes des einzuziehenden Gegenstandes, falls dieser selbst nicht eingezogen werden kann, erfolgt nach den Vorschriften, die für das Zwangsverfahren wegen Geldforderung gegeben sind, §§ 316 ff. RAbgO. Das gleiche gilt, wenn Geld verfallen ist. Die Beitreibung der übrigen verfallenen Gegenstände z. B. körperlicher Sachen, Forderungen, sonstiger Rechte, unterliegt den „Regeln des Zwangsverfahrens wegen anderer Leistungen als Geldforderungen", §§ 347, 349 RAbgO. Als Zwangsmittel kommen Geldstrafen, unmittelbarer Zwang, Wegnahme der verfallenen Gegenstände in Betracht, §§ 202, 348 RAbgO.

4. In allen Fällen der Verfallserklärung werden die Voraussetzungen des Arrestes nach § 351 RAbgO. ohne weiteres als vorliegend anzunehmen sein. Die Vollstreckungsbehörde kann die verfallenen Gegenstände und, wenn deren Wert beizutreiben ist, andere Vermögensgegenstände beschlagnahmen.

V.

Die Reichsabgabeordnung hat dem Reichsminister der Finanzen und den von demselben delegierten Behörden im § 108 im weitesten Umfange das Recht eingeräumt, Steuern nach der Lage der Sache wegen Unbilligkeit ganz oder zum Teil zu erlassen. Diese allgemeine Ermächtigung ersetzt den in einzelnen Steuergesetzen vorgesehenen Härteparagraphen. § 3 des Steuernachsichtgesetzes erklärt § 108 RAbgO. für anwendbar: der Reichsminister der Finanzen kann also anordnen, daß die Rechtsfolge des Verfalls ganz oder teilweise nicht eintrete.

VI.

Das Gesetz sieht die Erteilung einer Bescheinigung über das bei der Veranlagung zur Kriegsabgabe vom Vermögenszuwachs und zum Reichsnotopfer angegebene Vermögen im Ausland, welches als angegeben dem Verfall nicht unterliegen kann, vor. Nur für das Auslandsvermögen ist die Bescheinigung zu erteilen. Ihr Zweck ist, dem Abgabepflichtigen ein Beweismittel in die Hand zu geben, welches ihn gegen spätere Beschlagnahmen auf Grund internationaler Vereinbarungen schützt.

VII.

In welchem Verhältnis steht die Verfallandrohung des § 3 zur tätigen Reue und zur Steuernachsicht nach § 1 des Gesetzes?

1. Die tätige Reue (vgl. Einleitung) hat in § 374 RAbgO. ihre allgemeine Regelung gefunden und zwar im Anschluß an die in den einzelnen Steuergesetzen schon bisher getroffenen Bestimmungen. Berichtigung oder Ergänzung unrichtiger oder unvollständiger Angaben, Nachholung unterlassener Angaben kann zur Straffreiheit führen. Der Verfall verschwiegener Vermögensgegenstände ist jedoch nicht als Straffolge konstruiert (vgl. IV). Folglich ist tätige Reue nicht imstande, den eingetretenen Verfall wieder rückgängig zu machen. Härten können durch Entscheidung des Reichsministers der Finanzen auf Grund des für anwendbar erklärten § 108 RAbgO. ausgeglichen werden.

2. Die Steuernachsicht des § 1 kann nur bei der Veranlagung zur Kriegsabgabe vom Vermögenszuwachs, nicht zum Notopfer in Frage kommen. Denn die Frist zur Ausnutzung des Generalpardons läuft am

15. April 1920 ab, in welchem Zeitpunkt die Veranlagung zum Reichsnotopfer noch nicht begonnen hat. Wenn die Veranlagung zur Kriegsabgabe vom Vermögenszuwachs vor dem 15. April 1920 in einzelnen Fällen durchgeführt sein sollte, wenn ferner Abgabepflichtige Vermögen verschwiegen hatten, kann dann noch in der Zwischenzeit zwischen der Beendigung der Veranlagung und dem 15. April 1920 durch nachträgliche Angabe des verschwiegenen Vermögens der Verfall hintangehalten werden? Die Frage ist zu verneinen. Denn § 1 des Steuernachsichtgesetzes spricht nur von Befreiung von Strafe und der Verpflichtung zur Nachzahlung der Abgaben. Der Verfall ist aber weder Strafe noch Steuerschuld, sondern eine Rechtsfolge besonderer Art, durch deren Androhung die gewissenhafte Erfüllung der Steuerpflicht bei den beiden hervorgehobenen Gesetzen gesichert werden will. Der Zweck der Gesetzesvorschrift würde nicht erreicht werden, wenn dem Abgabepflichtigen die Möglichkeit eröffnet wäre, den Folgen seines pflichtwidrigen Verhaltens durch spätere Maßnahmen zu entgehen.

§ 4.

Die Reichsregierung wird ermächtigt, mit auswärtigen Regierungen Übereinkommen wegen der Einziehung der verfallenen, im Ausland befindlichen Vermögensgegenstände oder ihres Wertes abzuschließen.

Steuerfreiheit und Beitreibungsgewalt des Deutschen Reichs enden an den Reichsgrenzen. Wenn durch Vollstreckungsbescheid des Finanzamts ausländisches Vermögen für verfallen erklärt ist, so kann dieser Bescheid nur innerhalb des deutschen Reichsgebiets vollstreckt werden. Da das ausländische Vermögen dem Zugriff der deutschen Vollstreckungsbehörde nicht unterliegt, kann nur sein Wert, entsprechend § 3 Abs. II des Gesetzes, beigetrieben werden. Wenn der Vollstreckungsschuldner inländisches Vermögen nicht besitzt, wäre der Anspruch des Reiches illusorisch. Aus diesem Grunde wird die

Reichsregierung ermächtigt, mit ausländischen Regierungen übereinkommen wegen der Einziehung des verfallenen, im Auslande befindlichen Vermögensgegenstände oder ihres Wertes abzuschließen.

Die Vereinbarung kann sich beziehen auf internationale Rechtshilfe, für welche selbstverständlich Gegenseitigkeit vereinbart werden muß; sie kann auch der auswärtigen Regierung gewisse Anteile an dem verfallenen Vermögensgegenstand oder seinem Werte einräumen.

§ 5.

Dieses Gesetz tritt am Tage nach seiner Verkündung in Kraft.

Da das Reichsgesetzblatt Nr. 9 am 3. Januar 1920 erschienen ist, ist das Gesetz am 4. Januar 1920 in Kraft getreten. Von diesem Tage an konnte von der Steuernachsicht nach §§ 1, 2 Gebrauch gemacht werden und trat die Verfallbestimmung des § 3 in Geltung.

Sachregister.

(Die Zahlen bedeuten die Seiten.)

FSC
www.fsc.org
MIX
Papier | Fördert gute Waldnutzung
FSC® C083411

Kolibri 360 GmbH
Ferdinand-Jühlke-Straße 7
99095 Erfurt, Deutschland
produktsicherheit@kolibri360.de